ÇUS HISTORIQUES ET PRATIQUES

SUR LE

JURY EN MATIÈRE CRIMINELLE

Par M. CAZE,

CONSEILLER A LA COUR IMPÉRIALE, MEMBRE DE L'ACADÉMIE DE LÉGISLATION.

Mémoire lu dans les séances du 29 décembre 1852 et du 12 février 1853.

TOULOUSE
TYPOGRAPHIE DE BONNAL ET GIBRAC
RUE SAINT-ROME, 46.

1853.

APERÇUS HISTORIQUES ET PRATIQUES

SUR LE

JURY EN MATIÈRE CRIMINELLE

Par M. CAZE,

CONSEILLER A LA COUR IMPÉRIALE, MEMBRE DE L'ACADÉMIE DE LÉGISLATION.

Mémoire lu dans les séances du 29 décembre 1852 et du 12 février 1853.

TOULOUSE
TYPOGRAPHIE DE BONNAL ET GIBRAC
RUE SAINT-ROME, 46.
—
1853.

Extrait du Recueil de l'Académie de Législation , t. 2 , 1853.

APERÇUS HISTORIQUES ET PRATIQUES
SUR LE JURY EN MATIÈRE CRIMINELLE.

MESSIEURS ,

Lorsque, dans le sein de l'assemblée Constituante, s'agitait en 1790 la question de l'établissement du jury, l'un des orateurs adressait à ses adversaires ces véhémentes paroles : « Ceux qui demandent les jurés, ont pour eux tous les hommes instruits, tous les esprits droits, tous les cœurs vertueux : ceux qui les refusent n'ont pour eux que les bourreaux ! » (1)

J'ai peu de goût pour les bourreaux et je professe un respect sincère pour les principes sur lesquels repose l'institution du jury. Mais je crois que des *esprits droits* et des *cœurs vertueux* peuvent avoir un culte différent; et j'observe que, peu d'années après l'anathême de l'intolérant orateur, un grand nombre d'*hommes instruits* osèrent révoquer en doute l'excellence de cette juridiction.

C'est que les premiers résultats avaient amené des mécomptes, et que de généreuses illusions ne tardèrent pas à s'évanouir.

C'est que des scandales judiciaires et de désastreuses impunités avaient jeté la perturbation dans la conscience publique.

Je ne fais que traduire, par ces paroles, la pensée qui dominait les esprits les plus sérieux de cette époque, et les pouvoirs spécialement chargés de surveiller l'administration de la justice criminelle.

« Le triste résultat de l'impunité des plus grands crimes , disait (le 20 septembre 1803) la cour de cassation , offensant la morale publique, effrayant la société, a presque conduit à dou-

_____

(1) Assemblée constituante, séance du 5 avril 1790.

ter si l'institution des jurés, si belle en théorie, n'a pas été jusqu'aujourd'hui plus nuisible qu'utile dans ses effets. »

On sait que le gouvernement consulaire déterminé par l'accroissement des attentats et des désordres publics, s'était vu forcé de recourir temporairement à des mesures énergiques; que la procédure par jury avait été suspendue dans plusieurs départements, et que des tribunaux spéciaux avaient été établis, afin d'effrayer l'audace des malfaiteurs et de raffermir les bases ébranlées de la sécurité publique.

Aussi, ne doit-on pas s'étonner, si, l'année suivante, dans le sein du conseil d'Etat, la première question soumise à la discussion sur le Code criminel fut de savoir si l'institution du jury serait conservée.

Dans ce grave et solennel débat, les hommes les plus éminents de l'assemblée, parmi lesquels on comptait les Portalis, les Siméon, les Bigot de Préameneu, développèrent les considérations les plus puissantes et les motifs d'intérêt social de l'ordre le plus élevé contre cette juridiction.

Elle eut aussi d'éloquents défenseurs ; mais elle n'obtint qu'un demi-triomphe; car ce fut seulement à titre d'essai, qu'elle fut maintenue dans notre législation criminelle.

Le débat fut repris dans les premiers mois de l'année 1808, et si, plus heureuse cette fois, sans être moins vivement attaquée, l'institution sortit victorieuse de cette dernière épreuve, ce ne fut que par une sorte de transaction, et avec des réserves qui signalaient des appréhensions et la défiance même de ses partisans.

En conservant le jury, on crut en effet nécessaire de maintenir, comme pouvoir parallèle et correctif, les tribunaux spéciaux qui avaient été précédemment établis, pour la répression de certains crimes plus compromettants pour l'ordre public.

Enfin, l'esprit en suspens, la conscience incertaine, on voulut attendre encore, et l'on pensa généralement que le succès du jury dépendrait surtout de son organisation.

C'est qu'effectivement cette institution, comme la plupart, dirai-je comme toutes les autres, ne puise pas sa valeur dans un principe abstrait, mais dans les ressorts qui la font mouvoir, dans les éléments qui lui communiquent l'âme et la vie.

Or, il me semble que les conditions et les règles qui constituent actuellement cette haute juridiction, ne sont pas irréprochables, et que des réformes sont nécessaires surtout dans le mode de composition des listes, et les garanties d'aptitude ou de capacité.

Quelque nom qu'on leur donne, les jurés sont des juges; ce redoutable ministère de juger ses semblables veut des consciences éclairées : *crudimini qui judicatis terram* ! ainsi le proclament les livres saints et la sagesse des nations.

Choisissez, disait Jethro à Moïse, choisissez d'entre tout le peuple, des hommes fermes et courageux qui craignent Dieu, qui aiment la vérité, soient ennemis de l'avarice, et qu'ils soient chargés de rendre la justice aux hommes ! (Exod. chap. 18, v. 21 et 22.)

Je ne prétends pas voir dans ces paroles le germe du jugement par jurés ; mais elles en résument les conditions principales, telles qu'on les trouve formulées plus tard dans les vieux monuments de l'histoire : car, sans attacher trop de valeur à des analogies plus ou moins saisissables, il est facile de reconnaître que l'institution du jury considérée dans ses causes et dans son but social, remonte à la plus haute antiquité.

Permettez, Messieurs, que j'insiste un moment sur ses origines, non que je veuille disputer à la législation anglaise la réalité de l'emprunt que nous lui avons fait; mais pour revendiquer, en faveur de nos traditions nationales, la part qui doit leur revenir, et plus encore, afin de puiser dans ces rapides investigations historiques, des notions utiles à mon travail.

Comme la plupart des institutions humaines, celle du jury a ses racines et ses causes morales dans les instincts conservateurs des sociétés, dans ces inspirations naturelles qui déterminent les premiers essais d'une civilisation naissante.

Fille des mœurs primitives, elle s'altère ou se perd dans la corruption et l'ignorance, aux époques de relâchement moral et d'anarchie sociale, pour reparaître et revivre aux temps de reconstitution et de réforme.

« Il est curieux, dit M. Faustin Hélie, dans son savant *Traité
de procédure criminelle* (tom. 1, pag. 683), de suivre la
destinée de cette institution à travers la législation grecque,
la législation romaine, notre propre législation, où sous diverses
dénominations elle ne cesse de fonctionner jusqu'au 15ᵉ siècle,
et quand elle semble étouffée sous les ruines du moyen-âge,
de la voir renaître plus puissante et plus féconde. »

Est-ce à la civilisation grecque ou romaine que nous
sommes redevables du jury ? est-ce dans les forêts de la Germanie qu'il faut en rechercher le berceau ? Nous laissons aux
savants le soin de résoudre ce problème. Il leur appartien-
drait aussi de rechercher, pour l'intelligence du cœur hu-
main et l'appréciation judicieuse des théories politiques et
sociales, comment ces vieilles formes judiciaires ont pu s'é-
tablir aux deux extrémités de l'Europe, vivre également et
se développer au contact des mœurs âpres et sauvages du
Nord, comme au milieu des mœurs plus douces et des ci-
vilisations avancées des contrées méridionales.

Ce qu'il est important de constater, c'est que, dès les
premiers temps de la monarchie française à la période mérovingienne, tous les hommes libres étaient appelés à l'assemblée où la justice était rendue. Telle est du moins l'asser-
tion de Sismondi (1), dont je cite les paroles :

« On aurait pu dire à cette époque que toute justice éma-
nait non du roi, mais du peuple. C'était le peuple qui avait
donné les lois ; c'était le peuple qui les modifiait ; c'était
le peuple qui fournissait les juges.

« Le roi nommait, il est vrai, les ducs, les comtes ou
graffions qui, dans chaque cité présidaient aux *plaids*
ou au *mallum*, mais cette assemblée où la justice était rendue, se composait de tous les citoyens ; celui qui avait
méprisé le *mallum* ou négligé d'y venir était exposé à une
punition par la loi salique (*Lex salica*, § 90, page 200). « Chaque citoyen était comme juge menacé de l'amende, s'il ne
prononçait pas selon la loi : ceux qu'on voit cités dans les

_____

(1) *Histoire des Français*, tom. 1, pag. 296.

jugements, sous le nom de *Rachimburgs*, étaient de simples citoyens auxquels l'obligation d'assister aux *plaids* était spécialement imposée; enfin, les douze parents ou voisins qui, en jurant avec l'accusé, fournissaient la preuve étaient de simples citoyens. »

Les capitulaires des rois de la seconde race consacrent, comme un usage établi, la participation des hommes libres, des notables, à l'administration de la justice. C'était également pour eux une obligation d'assister au plaid, au *mâl* du comte ou des leudes, comme de le suivre à la guerre. « Il ne faut pas croire, dit Montesquieu (t. 2, p. 326) que les comtes jugeassent seuls et rendissent la justice, comme les pachas la rendent en Turquie : ils assemblaient pour juger les affaires des espèces de plaids ou d'assises, où les notables étaient convoqués. » Il paraît même résulter de quelques textes que les comtes ou leurs délégués ne présidaient au *mâl* que pour surveiller l'accomplissement de la loi : *ut comites et vicarii eorum leges sciant, ut ante eos quis neminem injustè judicare possit, nec ipsam legem mutare.*

Ces notables, ces assesseurs du chef de la juridictioin, prennent dans les monuments historiques, suivant des distinctions de temps, de lieux et de caractère plus ou moins tranchées, les appellations de *boni homines*, de *rachinburgii*, de *sacibarones.*

Le droit de les choisir et les conditions d'idonéité ne sont point déterminées d'une manière positive, et les élucubrations de la science ont à peine jeté quelques lueurs sur ces ténèbres du passé. Toutefois il est hors de doute que l'assentiment du peuple intervenait dans ce choix, et qu'il ne devait porter que sur des hommes capables : « *ut judices scabinei cum comite et populo eligantur* (*Capit. anno* 873, tit. 45, art. 19.) »

Voici comment s'exprime un capitulaire de la même année (art. 1) : *Volumus ut secundum capitularia avi et patris nostri in comitatu qui meliores et veraciores inveniri possint eligantur à missis nostris ad inquisitionem faciendam et rei veritatem dicendam.* »

Ces vieilles ordonnances portaient moins des prescriptions

nouvelles, qu'elles ne consacraient des usages établis (1), et
ces usages modifiés par le temps et les événements, les peuples barbares franchissant le Rhin, les avaient introduits avec
eux dans les Gaules.

La loi commandait aux chefs des circonscriptions territo-
riales, de s'entourer d'assesseurs aptes à rendre la justice :
tunc graffio congreget secum septem Rachinburgios idoneos.
(Loi salique, tit. 52, § 2.)

Cette coutume, suivant l'expression de Montesquieu, tirait
son origine des forêts de la Germanie. Tacite rapporte en effet
que, chez les Germains, les chefs chargés de rendre la justice,
étaient choisis dans l'assemblée générale et qu'il était adjoint
à chacun d'eux, cent assesseurs : *« eliguntur in iisdem consiliis
et principes qui jura per pagos vicosque reddunt : centum sin-
gulis ex plebe comites, consilium simul et auctoritas adsunt. »*

On peut discourir beaucoup sur le caractère de ces établissements, sur la signification ou la valeur relative des pratiques judiciaires dans les premiers temps de la monarchie :
mais on ne peut s'empêcher de retrouver dans ces institutions
incomplètes et un peu couvertes encore des ténèbres du moyen-
âge, l'un des éléments grossiers, si l'on veut, du jury moderne.
Le principe était le même : participation de tous au jugement ou
délégation du pouvoir de juger. C'était, avec d'autres formes,
d'autres conditions et les anomalies inséparables de ces temps
de confusion ou d'ignorance, la justice du pays ; et une
garantie puissante contre les abus de la force matérielle.

Les idées sur lesquelles reposaient ces manifestations de la
justice, devaient avoir poussé dans les esprits des racines
bien profondes, pour n'avoir pas été comprimées, sous les
envahissements successifs du régime féodal. Ce qu'il ne put ou
ne voulut pas détruire, il le transforma : il en changea le
principe en se l'appropriant. Ce fut une maxime de cet ordre
nouveau *que tout accusé devait être jugé par ses pairs.*

---

(1) **Ut sicut in capitulis avi et patris nostri continetur, missi nostri
ubi boni scabinei non sunt bonos scabineos mittant, et ubicumque
malos scabineos inveniunt, ejiciant, et *totius populi consensu*, in loco
eorum bonos eligant. (Baluz, Cap., reg. Franc. —)

C'est ainsi que les faits anciens conservent toujours une grande puissance contre l'esprit d'innovation, et modèrent ce mouvement continu de transformation qui entraîne les peuples. C'est ainsi qu'à des doctrines dont la puissance s'affaiblit, succèdent des idées ou des maximes qui sauvent la société et la font marcher vers des destinées nouvelles.

Pour caractériser d'un mot cette révolution qui s'accomplit dans les formes judiciaires, sous l'influence de la féodalité, on pourrait dire que, si l'élément de l'égalité politique était prépondérant dans les premières institutions germaniques, la maxime que *nul ne pouvait être jugé que par ses pairs*, fut une sorte de réserve en faveur de la liberté civile.

A l'aide de cette maxime, une lutte commença bientôt entre les seigneurs et les vassaux qui s'efforcèrent de rendre insensiblement plus grande et presque exclusive leur part dans l'administration de la justice (1).

On ne doit point généraliser, il est vrai, quand on parle du moyen-âge. Tout y est divers : les institutions judiciaires, comme les lois, les mœurs, les coutumes.

Mais les chartes locales, les établissements communaux et autres monuments analogues, attestent que la participation des citoyens à l'administration de la justice, y fut considérée comme un des principaux éléments des libertés municipales.

Les *boni homines* (les bons hommes ou prud'hommes, suivant la remarque de M. Raynouard, dans son *histoire du Droit municipal*, tom. 2, pag. 23), paraissent dans tout le moyen-âge, en divers temps et en divers lieux, au nord et au midi de la France, et sous les trois dynasties.

---

(1) Mayer, *esprit, origine et progrès des institutions judiciaires des principaux pays de l'Europe*, tom. 1, page 457.

Une fois sûrs, dit M. Mayer, de n'être jugés que par leurs pairs, les vassaux obtinrent que le seigneur ne ferait autre chose dans sa cour que de sanctionner le jugement rendu par les plaids et en assurer l'exécution ; et cette nouvelle révolution réduisit le seigneur au point d'où il était parti en matière de justice, celui de ne point concourir à la décision qu'il rendait en son propre nom, et qu'il appuyait et protégeait de toutes ses forces.

2

Ils remplissent tour à tour des fonctions judiciaires et des fonctions municipales.

Je me borne à quelques citations puisées dans notre histoire locale.

En 1152, les capitouls et le conseil de la ville de Toulouse ayant fait des statuts, il y fut dit : si quelqu'un transgresse ces établissements, qu'il soit condamné au jugement des prud'hommes (1).

Dans l'*Histoire du Languedoc,* par dom Vaissette, se trouve le récit d'un procès instruit contre Pierre Baya, accusé de plusieurs crimes. On y lit cette sentence rendue par le vicomte de Lautrec et ses vassaux :

« L'assemblée toute entière, composée de deux cents et plus, ont, d'une voix unanime, fondée sur une légitime conviction, condamné le dit Pierre Baya à être immédiatement pendu (2). »

Un document tout aussi curieux a été recueilli par M. Compayre, érudit et modeste archéologue, dans ses *Etudes historiques sur l'Albigeois.*

C'est un règlement arrêté par M. de Combret, évêque et seigneur, de concert avec les consuls, et confirmé par M. J. de Sollier, archevêque de Bourges et métropolitain d'Albi, sur le mode de juger les criminels.

Le Bayle (qui fait les fonctions de président) demandera, y est-il dit, à chacun des prud'hommes de la cité, au nombre de vingt au moins, si l'accusé doit être condamné ou absous, et si, condamné, quelle peine doit être appliquée au coupable (3).

---

(1) Catel, *Histoire des comtes de Toulouse*, pag. 219.

Si quis fecerit contra stabilitatem suprà dictam faciat rectum judicio proborum virorum.

(2) Cœteri vero alii prænominati tam generosi quam non generos ; et omnes alii non nominati qui ibi erant præsentes bene usque ad numerum CC. et amplius, secundum legitimam æstimationem unanimiter concordantes, dictum Petrum Baya, incontinentè suspendendum per gulam suam adjudicaverunt.....

Histoire du Languedoc, preuves.

(3) Lo Bayle a par lo jutgamen sera tengutz apelar dels prohomes

Dans un autre document de la même collection, à la date de
1347, l'évêque et les consuls règlent, d'un commun accord,
la forme des jugements, ainsi qu'il suit :

Chacun des prud'hommes appelés au nombre de vingt au
moins, doit jurer, la main sur les saints évangiles, qu'il
donnera son avis au régent de l'évêque, suivant sa conscience : après la lecture des enquêtes et l'audition de l'accusé, il décidera s'il faut absoudre ou condamner le malfaiteur, et quelle peine doit lui être infligée. Après ce serment
et cette opinion ainsi émise, le régent sera tenu de prononcer suivant l'opinion de tous ou de la majorité des prud-
d'hommes (1).

Dans quelque ordre d'idées que l'on puise les principes de
l'institution du jury, une chose est certaine, c'est que la religion du serment en est la base et qu'elle prend sa force
dans l'indépendance du citoyen et le sentiment de sa dignité
personnelle.

Lorsque la vénalité et la corruption ont pénétré dans les
mœurs publiques, et que le parjure n'est plus en horreur,

---

de la ciutat, **XX** o mai ; los quals creira non esser amics o cosis o
enemics del malfachor juzgador, e legida la enquestà davant aquels ,
et ausida la cofessio del meseime malfachor demandara à cascun des
prohomes apelatz per lui sel malfachor sia absolvedor o punidor, o
qual causa sia de lui fasedoyra ; se condemptnator es , qual pena sia
à lui donadoira.   (*Etudes historiques sur l'Albigeois.*)

(1) In causis criminalibus pænam sanguinis irrogantibus per regen-
tem vel judicem domini *Episc.*, *Albig.*, probi homines ejusdem civi-
tatis vigenti vel plures vocabuntur, ad consilium super hoc dandum ;
quilibet eorum jurabit , ad sancta evangelia Dei , manu propria
tacta , quod bonum et fidele consilium secundùm suam bonam cons-
cientiam regenti , episc. dabit, lectà prius inquisitione , malefactore
coràm ipsis , vel ipsius malefactoris confessione audità , utrùm talis
malefactor sit absolvendus , aut condempnandus , vel quid de eo sit
faciendum , et si condempnandus, quæ pæna sit ei infligenda ; et
juramento et consilio hujus modi à quolibet vocatorum singulorum
præstitis , reges vel judex dicti domini episc., juxta consilium ipso-
rum omnium vel majoris partis eorumdem tenebitur judicare.

Etudes historiques sur l'Albigeois, pag. 191.

cette institution dégénérée n'est rien moins qu'une odieuse profanation de la justice et un instrument de tyrannie.

« Si vous voulez savoir ce qui a fait absoudre Clodius, écrivait Cicéron (let. 21 à Atticus, 692), il n'en faut point chercher d'autre cause que l'indigence et le peu d'honneur de ses juges..... La récusation ayant été faite, l'accusateur, comme un censeur exact, ayant rejeté les mauvais juges que le sort présentait; et l'accusé, comme un maître de gladiateurs qui épargne ses meilleurs esclaves, ayant rejeté les plus honnêtes gens; dès que les juges eurent pris leurs places, les gens de bien commencèrent à appréhender beaucoup. En effet, on ne vit jamais dans une académie de jeu, un si vilain assemblage de sénateurs diffamés, de chevaliers sans ressources, de gardes du trésor ruinés.... Il s'est trouvé trente-un juges qui ont plus redouté la faim que l'infamie. Catulus en ayant rencontré un, lui dit : pourquoi me demandiez-vous des gardes ? Etait-ce de peur qu'on ne vous volât l'argent que Clodius vous avait donné ? — Voilà en abrégé la cause de l'acquittement. »

Henrion de Pansey (de l'autorité judiciaire, chapitre. XX), considérant l'établissement du jury dans ses rapports avec les coutumes germaniques, observe que, malgré les superstitions grossières qui se mêlaient aux croyances de ces peuples, c'était un dogme parmi eux que le parjure dégradait son auteur et le rendait odieux au ciel et à la terre.

Aussi, leur législation se fondait-elle sur la religion du serment. C'est le serment de l'accusé lui-même qui décidait la question, lorsque l'imputation était peu grave, et les preuves contestables. Si l'accusation avait de la gravité, on exigeait que douze hommes d'une probité connue, ayant avec l'accusé des relations journalières, jurassent qu'il était incapable et de se parjurer et de commettre le délit.

C'est ainsi que s'établit, après l'invasion des Francs, l'usage des certificateurs ou conjurateurs qui traversa l'époque mérovingienne pour se modifier plus tard et subir des phases diverses, suivant le caractère des révolutions politiques qui s'accomplissaient.

« Bientôt, ajoute Henrion de Pansey, on sentit que la honte attachée au parjure et la crainte des vengeances célestes, qui jusqu'alors avaient agi si puissamment sur les esprits, ne présentaient plus dans les affaires criminelles une garantie suffisante.

On abandonna donc la procédure par serment et par certificateurs ; et le défaut de confiance dans les hommes fut porté si loin, que l'on prit le parti de faire Dieu même juge de toutes les accusations : les accusés furent soumis à l'épreuve de l'eau et du feu, etc. »

On le voit bien, les institutions les meilleures et les plus parfaites sont soumises à l'influence des mœurs publiques ; elles deviennent des causes de dégradation et de ruine pour les pays qui ne savent pas rester dignes de les conserver.

L'élément féodal avait grandi moins peut-être par sa propre force que par l'affaiblissement progressif des résistances qui lui étaient opposées.

Les justices seigneuriales eurent leur raison d'être dans ces instincts de salut qui poussent les peuples à échanger des immunités devenues impuissantes ou périlleuses, contre des garanties de protection efficace ou de sécurité personnelle.

L'alliance du gouvernement et de la liberté publique, constitue le problème dont la solution se poursuit depuis l'origine des sociétés humaines ; et c'est surtout dans les institutions judiciaires que se manifestent les phases diverses de ce travail incessant.

L'extension illimitée, les abus des juridictions féodales, provoquèrent, à leur tour, une réaction en faveur de la royauté, qui sut profiter habilement de la lassitude et des mécontentements des vassaux, pour étendre sa domination par la justice, grâce à la création de ses tribunaux réguliers et de ses juges permanents.

Je ne veux pas évoquer les souvenirs qui, dans les temps ultérieurs, armèrent l'opinion publique contre les corps judiciaires, particulièrement dans leurs attributions de répression pénale, ni rechercher par quelle évolution d'idées ou de principes, des établissements qui furent acceptés comme un progrès au moment de leur fondation, parurent ensuite des édifices vermoulus, sur les ruines desquels il fallait se hâter de reconstruire des édifices nouveaux.

Suivant les temps, les idées, les mœurs, et, sans doute aussi, l'inconstance du caractère national, les institutions emportées comme par le mouvement d'une immense rotation séculaire, vieillissent et tombent pour reparaître plus tard avec des formes rajeunies, excitant tour-à-tour la faveur et la haine, l'enthousiasme et les dédains populaires.

On pourrait appliquer aux pensées humaines ce que dit Horace des expressions :

> Multa renascentur quæ jam cecidere, cadentque
> Quæ nunc sunt in honore.....

Ainsi, plusieurs des vieilles franchises de nos pères ont été saluées et accueillies comme une conquête nouvelle de la civilisation.

Sans méconnaître les dissemblances et laissant toute sa valeur à cette précision caractéristique, qui renferme le jury moderne dans l'appréciation du fait sans l'associer à l'application de la loi pénale, il nous paraît peu contestable que l'Angleterre n'ait elle-même puisé aux sources du moyen-âge l'idée première de cette juridiction.

Meyer (1) pense que la véritable procédure par jurés commença à s'introduire en Angleterre sous le règne de Henri III, vers le milieu du treizième siècle : après avoir jeté un coup-d'œil rapide sur les établissements judiciaires du royaume de Jérusalem, fondé deux siècles auparavant par les chefs de la croisade, cet auteur ajoute : « On ne peut se défendre de supposer que la première idée d'attribuer au jury un pouvoir judiciaire n'ait passé des assises de Jérusalem dans la loi commune de l'Angleterre. »

Cette opinion admise, on serait autorisé à se demander si les assises de Jérusalem n'étaient pas elles-mêmes le résultat des principes, des opinions et des coutumes importés en

---

(1) *Esprit, origine et progrès des institutions judiciaires des principaux pays de l'Europe*, t. II, p. 185 et suiv.

Orient par les divers peuples de la chrétienté. Sans approfondir ces problèmes historiques, nous pourrions conclure sur ce point comme Meyer lui-même :

« Du premier moment qu'on s'occupa d'une régénération politique et judiciaire en France, les députés de la nation se virent chargés par leurs commettants de réclamer une réforme de procédure et d'insister sur l'établissement du jury, soit comme institution des Francs, soit comme jugements par pairs du moyen-âge, soit comme institution de l'Angleterre, soit comme épreuve dont la théorie indiquait l'utilité (1). »

Quoi qu'il en puisse être de ces appréciations diverses, l'institution du jury tenait à des idées de réforme, à des sentiments de philanthropie trop généralement répandues à cette époque, pour que l'assemblée constituante n'essayât pas de la faire revivre, en l'appropriant aux progrès de la civilisation et au mouvement social qui amenèrent la révolution de 89.

Le principe de la division des pouvoirs qu'elle venait de proclamer comme le fondement de la liberté politique, fut introduit aussi dans l'organisation de la justice criminelle, comme la garantie de l'honneur, de la liberté, de la vie des citoyens.

Le partage de la puissance prévient l'oppression et la tyrannie, pensée profonde exprimée en termes énergiques dans la proclamation royale qui accompagnait la promulgation de la loi de 1791.

C'est par l'application de ce principe, que les tribunaux criminels furent composés de deux éléments distincts et indépendants l'un de l'autre : l'autorité qui déclare le fait punissable, et le pouvoir qui réprime l'action coupable, en appliquant la loi pénale : le jury et le juge du droit.

Ces conceptions spéculatives furent mises en pratique dans la loi du 16 septembre 1791 et le code pénal de l'an IV.

---

(1) Meyer, t. IV, p. 444.

Le législateur, pour interdire au juge du droit toute appréciation même indirecte du fait, s'efforça d'embrasser dans ses prévisions avec une minutieuse sollicitude, les circonstances diverses qui aggravent ou modifient les crimes, les accessoires nombreux qui les caractérisent ou les distinguent.

Une échelle de pénalité dont les degrés correspondaient à chacun des cas prévus fut déterminée avec une inflexible précision, et les juges devenus, pour employer l'expression du ministre Regnier, des machines d'application, étaient l'instrument matériel de la loi plutôt que ses organes intelligents et ses judicieux interprètes.

On avait voulu prévenir l'arbitraire dans l'application des peines : pensée honorable et juste ; mais oubliant qu'il ne peut y avoir, dans les institutions humaines, de principe absolu, on accepta avec entraînement une théorie vraie en elle-même, et dont cependant l'expérience ne tarda pas à démontrer les inconvénients et les dangers, lorsqu'elle est poussée à ses conséquences extrêmes.

La nécessité de soumettre aux jurés, sur des faits souvent très simples, un nombre infini de questions, jetait de la confusion dans leur esprit, et amenait souvent l'impunité, quelquefois aussi une répression exorbitante ; car, malgré l'étendue des prévisions, il n'était pas en la puissance du législateur de déterminer d'avance la mesure et la portée des actions criminelles.

Courber sous un inflexible niveau tous les coupables auxquels s'appliquaient rigoureusement les définitions légales, c'était aller directement contre le but que l'on voulait atteindre et se heurter contre cet écueil si dangereux en législation criminelle : la disproportion entre le délit et le châtiment.

La loi était inhumaine à force de vouloir être juste et égale pour tous ; car elle ne tenait pas compte de la personne morale des accusés, du sexe et de l'âge, des antécédents, des mœurs et du caractère, des éléments nombreux et divers qui constituent la gravité d'un fait punissable ; des circonstances de temps et de lieu, de l'effervescence des passions, de tous ces mouvements de l'esprit et du cœur qui modifient, au point de vue intellectuel et social, les actes de la vie humaine et commandent de la part du juge la sévérité ou l'indulgence.

Cette matérialité de la lettre, cette égalité absolue, séduisante dans la spéculation, avait introduit dans la pratique la plus monstrueuse inégalité. On comprit bientôt l'urgence d'une doctrine moins austère, mais plus rationnelle et plus équitable.

Un arrêté du gouvernement consulaire, du 7 germinal an IX, chargea une commission de rédiger un nouveau code criminel. Nous ne devons signaler ici que deux changements remarquables proposés par cette commission : l'un touchant à la forme, remplaçait les tribunaux criminels sédentaires par un préteur qui devait en exercer à lui seul les fonctions, et se transporter, pour tenir ses assises, dans les divers lieux de son ressort.

Une autre disposition du projet élaboré par la commission fixait, dans l'échelle de la pénalité, les limites d'un maximum et d'un minimum, qui prévenant l'arbitraire, autant qu'il est donné à la sagesse humaine, laissait pourtant au juge la faculté d'apprécier le caractère aggravant ou atténuant des faits criminels, et de proportionner ainsi à chaque délit la peine que le coupable avait encourue.

La section de législation du conseil d'Etat, chargée à son tour d'examiner le projet, adopta le système d'un maximum et d'un minimum dans les classifications pénales, ainsi que l'avait fait la cour de Cassation, à son tour consultée ; mais les avis furent partagés sur l'organisation des tribunaux criminels. La section du conseil voulait attribuer à chaque cour criminelle un président sédentaire. La commission au contraire tenait à l'institution des préteurs qui, sans être attachés à aucun tribunal particulier, iraient tenir des assises, à des époques périodiques, au siége des cours comprises dans leur ressort.

La discussion du Code criminel commença dans le sein du conseil d'Etat, peu de jours après l'établissement du gouvernement impérial.

Plusieurs questions préliminaires y furent soumises et débattues. La plus importante, celle de la réunion des justices civile et criminelle qu'avaient séparées les premières lois de la révolution, fut présentée et soutenue énergiquement par l'empereur, qui considérait la constitution des grands corps judiciaires, comme l'une des plus puissantes garanties de l'ordre public, de la sûreté individuelle et de l'action impartiale de la justice.

Cette réunion n'aurait pas trouvé de contradicteurs, si elle n'avait paru incompatible avec le maintien de l'institution du jury. Celle-ci fut elle-même remise en question, et l'on sait qu'avec de zélés défenseurs, elle eut aussi d'éloquents adversaires.

On se rappelle que les premiers essais n'avaient pas répondu aux espérances; mais la majorité pensa qu'il ne fallait pas se hâter de prononcer en dernier ressort; que l'opinion publique, malgré le scandale de beaucoup de jugements, était encore favorable à une institution qui apparaissait naguère comme la plus précieuse conquête de la civilisation moderne, et qu'il fallait tenir compte des difficultés inséparables d'un établissement nouveau; qu'il était bon de le soumettre à des épreuves plus décisives avant de le condamner.

Telles étaient les considérations qui firent alors rejeter le principe de la réunion des deux justices civile et criminelle, et consacrer le maintien de l'organisation alors existante.

La discussion sur cette importante matière ne fut reprise qu'en 1808, mais cette fois on sépara les formes de procédure, de la pénalité, et le Code d'instruction criminelle fut en premier lieu soumis aux délibérations.

La question capitale, l'institution du jury devint tout d'abord le sujet d'une controverse animée. L'empereur ne perdant pas de vue le sujet auquel il attachait la plus haute importance, la réunion des deux justices, appela particulièrement l'attention du conseil d'état sur l'organisation des grands corps judiciaires dans ses rapports avec le maintien du jury : il insista avec force sur la nécessité de donner aux tribunaux une autorité véritablement protectrice.

La première de toutes les conditions à ses yeux pour atteindre ce but éminemment social, était de concentrer dans une magistrature unique les justices civile et criminelle ; d'agrandir ainsi son influence, sa considération, et de lui attribuer une force égale à celle des autres corps ; *de la mettre en état* (je cite ses paroles) *de défendre l'ordre public et la liberté civile, contre l'administration, contre les militaires, contre l'homme puissant.*

Il soumettait en conséquence aux méditations du conseil un projet de loi qui consacrait en principe la réunion des cours d'appel et des cours de justice criminelle, sous la dénomination de cours impériales. Elles seraient composées d'un nombre de juges suffisants pour fournir, indépendamment des autres nécessités du service, des magistrats qui iraient tenir les assises et présider dans les départements du ressort à des époques et dans des formes déterminées.

C'était un moyen de concilier avec l'institution du jury, la concentration de la justice civile et criminelle dans de grands corps de magistrature.

Ce projet renvoyé à la section de législation fut discuté au sein du conseil d'état, dans les séances des 6 et 13 février 1808 ; on y adopta le double principe de la réunion des justices civile et criminelle, et de la tenue périodique des assises, au chef-lieu de chaque département, présidées par un membre des cours d'appel.

Les bases ainsi établies, il ne restait qu'à régler le mode d'organisation et à formuler en dispositions législatives la théorie qui avait prévalu.

La loi promulguée le 19 décembre 1808 formant le titre II, livre II, du Code d'instruction criminelle, prescrivit les règles relatives à la formation des cours d'assises ; c'était comme une conséquence anticipée du principe de la réunion des deux justices qui ne reçut la sanction législative et ne fut réglementé que par la loi du 20 avril 1810.

C'est alors seulement que les cours de justice criminelle furent supprimées, et que les cours d'appel, sous le nom de cours impériales, reçurent la plénitude de juridiction civile et criminelle.

Le droit d'appliquer la peine dans les limites d'un *maximum* et d'un *minimum* modifia le principe trop absolu de la division des pouvoirs. Mais l'intervention éventuelle du juge dans l'appréciation du fait et de la culpabilité, consacrée par l'art. 351 du même Code, fut une dérogation à ce principe.

Tel est l'empire des temps et des circonstances sur les institutions et les lois. Tandis qu'à la première période de la révolution, le verdict du jury contre l'accusé ne devait se former qu'à la majorité de dix voix sur douze (1); plus tard, sept voix furent jugées suffisantes pour la condamnation ; tant l'expérience avait amené de mécomptes et alarmé la conscience publique par de déplorables acquittements!

Fallait-il toutefois faire dépendre le sort d'un accusé, la perte de son honneur, de sa vie, de l'opinion de sept voix sur douze, alors que peut-être les cinq magistrats chargés d'appliquer la peine partageaient l'avis de la minorité? Cela ne paraissait ni rationnel ni équitable.

Ces considérations, présentées et soutenues par l'Empereur au sein du Conseil-d'Etat, dans la séance du 4 octobre 1808, firent consacrer le principe de l'intervention des juges, en cas de verdict affirmatif à la simple majorité.

La portée de cette intervention, réglée alors de telle sorte qu'elle n'infirmait le verdict de culpabilité qu'autant que quatre, au moins, des juges sur cinq, se réunissaient à la minorité du jury, fut modifiée par une loi du 24 mai 1821 qui subordonna l'infirmation du verdict à la majorité simple des magistrats composant la cour.

----

(1) L. du 29 septembre 1791. — 3 brumaire an IV.

Par une seconde dérogation au même principe de la division des pouvoirs, les juges avaient été investis de la faculté d'annuler le verdict affirmatif, s'ils étaient unanimement convaincus que le jury s'était trompé.

Une intervention plus active et un pouvoir plus grand dans l'appréciation du fait, furent accordés aux juges du droit par la loi du 25 juin 1824, qui les autorisa, pour certains crimes, à déclarer les circonstances atténuantes, et à descendre, dans ce cas, la pénalité au-dessous même du minimum déterminé par le Code Pénal.

La révolution de 1830 rendit au jury la plénitude de sa juridiction. Une loi du 4 mars 1831, eu disposant que la décision contre l'accusé se formerait désormais à la majorité de plus de sept voix, abrogea les dispositions antérieures du Code et la loi du 24 mai 1821 sur l'intervention de la cour d'assises dans le verdict rendu à la simple majorité.

Bientôt après, la loi du mois d'avril 1832, modificative des Codes Pénal et d'Instruction criminelle, transporta des magistrats au jury, l'admission facultative des circonstances atténuantes, en l'étendant à tous les cas de condamnation pour crime.

Des considérations politiques et un exécrable attentat contre la vie du roi Louis-Philippe amenèrent, en 1835, des changements dans quelques parties de notre législation criminelle.

Une loi du 9 septembre de cette année rendit à la simple majorité du jury la force de décision contre l'accusé, donnant toutefois dans ce cas, à la simple majorité des juges, le droit de surseoir à la condamnation et de renvoyer l'affaire à la prochaine session.

Or, comme en 1831 le nombre des magistrats composant la cour d'assises avait été réduit à trois, il s'ensuivait que deux voix suffisaient pour annuler un verdict rendu à la majorité de sept sur douze.

Tel était le régime en vigueur lorsqu'éclata soudainement la révolution du mois de février 1848.

Dès le 9 mars suivant, un décret du gouvernement provisoire porta de sept voix à neuf la majorité nécessaire pour la condamnation. C'était priver la justice répressive de sa force et la société de ses garanties.

On ne tarda pas à le reconnaître, et le 18 octobre 1848 un décret de l'Assemblée nationale reproduisant la disposition de la loi du 4 mars 1831, n'a plus exigé que la majorité de huit voix pour une déclaration contraire à l'accusé.

On voit par cet exposé rapide que le principe de séparation absolue entre la juridiction du droit et celle du fait, posé par l'Assemblée constituante, a subi de nombreuses modifications en sens inverse : preuve nouvelle que les leçons de l'expérience et la pratique des affaires viennent donner souvent d'éclatants démentis aux théories les plus séduisantes : que l'esprit de système ne pénètre jamais sans danger dans les institutions politiques et sociales ; qu'enfin les procédés philosophiques, pris dans leur abstraction, ne peuvent convenir à un peuple ancien dominé par les traditions et les usages, malgré les changements que le progrès des lumières et la civilisation ont apportés à ses mœurs et à son caractère.

Les institutions et les lois peuvent se perfectionner à la lueur d'une idée spéculative, d'une conception philanthropique et morale, sans secousse et par des degrés insensibles. Dans ces conditions et avec cette mesure, les intérêts ou les préjugés résisteraient vainement aux réformes, parce que la conscience publique y souscrit. Le passé engendre l'avenir par la chaîne non interrompue des temps; et cette filiation respectée devient la sauvegarde, la protectrice nécessaire d'un progrès durable. Car le progrès consiste dans des transactions loyales, prudentes, entre l'esprit ancien et l'esprit nouveau. Si l'équilibre est rompu, on rétrograde souvent lorsqu'on croit avancer. Après avoir subi l'influence et les dangers des oscillations contraires et des crises sociales, on retombe dans les essais et les tâtonnements avec plus de crainte et plus de défiance.

Bien des lois ont voulu régler les rapports et les positions respectives des juges et des jurés, marquer les points de contact, les limites de leurs droits et de leur compétence. Le but est-il atteint de manière à donner satisfaction complète aux besoins moraux de notre époque? La séparation est-elle convenablement faite entre les éléments constitutifs du crime et ceux du simple délit, entre la juridiction du jury et celle des tribunaux correctionnels?

Toutes ces questions ne peuvent manquer d'être prochainement débattues dans les conseils du gouvernement. Déjà sous la dernière monarchie, l'on avait compris la nécessité des réformes dans l'économie de notre législation criminelle. Une des conséquences des changements politiques, est d'en accroître l'importance et d'en hâter l'accomplissement.

Grâce à la mansuétude de nos mœurs et aux modifications philanthropiques que la révolution de 1830 avait apportées dans nos lois pénales, les cours d'assises semblent être détournées chaque jour davantage, du but de leur institution : établies pour la répression des grands crimes, chargées exclusivement de provoquer l'application des peines qui apportent avec elles l'infamie sur la tête des coupables, leur compétence dégénérée ne vient-elle pas atteindre le plus souvent des faits, des actes que le code pénal qualifie crimes, il est vrai, mais que l'esprit de la loi et l'opinion considèrent à peine comme de légers délits?

La solennité des audiences, et leur appareil judiciaire ne contrastent-ils pas avec la modicité des intérêts qui s'y débattent bien souvent, et pour ainsi parler, avec les mesquines proportions de la cause?

Trente citoyens arrachés à leur famille, à leurs affaires, à d'autres devoirs importants, pour juger le vol de quelques hardes, d'objets sans valeur, d'un pain enlevé par la misère ; un corps de magistrature se déployant avec les caractères les plus respectables de son autorité pour infliger une correction de police, voilà le spectacle qu'offrent habituellement les assises.

Au lieu de fournir au peuple qui se presse dans l'enceinte du prétoire, le sujet des réflexions sérieuses et des enseignements sévères, les débats ne sont bien des fois pour lui, qu'un passe-temps agréable, où s'échangent les propos malins et railleurs. Au lieu d'y puiser l'horreur du crime et la crainte salutaire du châtiment, les natures mal disposées s'y familiarisent avec la pensée des méchantes actions, et s'exagérant avec complaisance la douceur de nos lois et la longanimité de la justice, elles concluent qu'après tout il n'y a pas grand risque d'être criminel.

Avec ces tendances, le banc des accusés cesserait d'être pour le coupable une sellette d'ignominie qui est la première expiation de son crime : la haute mission du jury perdrait de son importance, la justice de sa dignité !

Il est donc d'un intérêt social de ramener les assises à l'esprit et au but de leur institution, en les débarrassant de ces nombreuses affaires pour lesquelles bien souvent l'intervention paternelle du juge de paix serait plus convenable et plus efficace.

La nécessité d'une réforme est généralement sentie ; il n'est personne, juge, témoins ou jurés, qui, dans chaque session, ne soit douloureusement impressionné par l'affligeant contraste que nous signalons.

Il est vrai que le droit d'atténuation pénale confié au jury, a eu pour but de rétablir une juste proportion entre la faute et le châtiment ; mais cette faculté même rend plus sensible encore et plus manifeste la disproportion extrême entre la solennité des formes et la vulgarité du fond, car l'application de simples peines correctionnelles est devenue le domaine habituel des cours d'assises (1).

On conçoit que, par l'imprévu des débats, les révélations de l'audience et la publicité des témoignages, les caractères

---

(1) Dans la période quinquennale de 1846 à 1850, il y a eu, sur cent accusés, 37 acquittés et 63 condamnés, dont 27 à des peines afflictives et infamantes, et 37 à des peines correctionnelles.
Statistique criminelle (1852).

graves d'une accusation puissent s'amoindrir ou disparaître, et que, dans ces cas exceptionnels, les cours d'assises trouvent, dans les dispositions bienveillantes de la loi, des moyens d'indulgence. Voilà qui satisfait la raison, la justice et l'humanité.

Mais si, dès le début, la simple lecture de l'acte d'accusation signale une de ces fautes ou de ces faiblesses, qui n'ont d'autre importance que la définition légale des circonstances aggravantes, alors l'opinion réclame, la conscience publique se récrie; il n'y a plus que de la commisération pour l'accusé, et la honte des épreuves judiciaires auxquelles il est soumis, paraît à elle seule une expiation trop grande du délit qui lui est imputé. C'est là qu'est le mal !

Convient-il d'y porter remède en modifiant les éléments constitutifs de la criminalité, en changeant la classification des crimes et délits, en un mot, par la réforme du Code pénal !

Le vice radical de la législation pénale de 91 et de l'an IV consistait d'une part dans la multiplicité infinie des hypothèses et des prévisions, dans cette tentative téméraire de tout régler *à priori*, de tout définir, au milieu des imperceptibles nuances qui forment la gradation des crimes et donnent à chaque fait sa physionomie et sa gravité particulière. C'était, d'un autre côté, l'application forcée d'une peine invariable, la fixation rigoureuse d'une pénalité inflexible : c'était suivant la pensée des criminalistes les plus recommandables, l'arbitraire de la loi substitué à l'arbitraire de l'homme.

Notre code pénal, par un sage éclectisme, a prévenu ou diminué ce double inconvénient, en réduisant le nombre des circonstances légalement aggravantes, et en circonscrivant le pouvoir modérateur du juge dans les limites assez larges d'un maximum et d'un minimum.

Mais, s'il est vrai qu'en général la criminalité plus ou moins grande d'un fait dépend des circonstances qui en ont accompagné la consommation, l'expérience de chaque jour démontre que cette règle est sujette à de nombreuses exceptions; que cette barrière légale résultant de circonstances réputées aggravantes, en deçà de laquelle se trouve le sim-

3

ple délit, et au-delà le crime et l'infamie, ne se fonde pas sur des caractères infaillibles, et qu'enfin la vérité du fait s'écarte bien souvent de la vérité légale.

Nous ne nous dissimulons pas la difficulté : si les circonstances concomitantes du fait principal sont, au point de vue moral, quelquefois insignifiantes ; si elles le modifient dans certains cas ; dans d'autres, elles en altèrent profondément la nature et le caractère. Ainsi, par exemple, l'homicide, action si grave en soi, considérée dans ses résultats, puise sa gravité morale et sa criminalité dans les circonstances qui en ont accompagné la perpétration.

La distance est énorme entre le vol simple et le vol à main armée, pendant la nuit, avec contrainte ou violence ! Les suggestions de la misère peuvent faire absoudre le premier, le second suppose généralement une audace sans frein et une perversité profonde.

Il serait donc imprudent de désarmer la législation et, pour diminuer le nombre des justiciables des cours d'assises, d'offrir une prime à l'impunité, ou d'affaiblir, dans l'opinion publique, l'idée qu'on doit attacher à la gravité de certains crimes.

Mais si des considérations de morale et d'ordre public exigent que les définitions et les différences caractéristiques des crimes et délits soient écrites dans la loi ; s'il est indispensable de laisser au concours de certains faits déterminés, la force d'imprimer au délit le caractère de crime, il n'est pas moins nécessaire de rectifier ce que, dans la pratique, peut avoir de trop absolu et de trop exclusif, cette présomption légale ; de réduire à sa véritable nature, à sa valeur réelle, un acte répréhensible mais peu grave que des circonstances légalement incriminantes peuvent couvrir de couleurs trompeuses(1). Il importe de donner à cette loi de classification

_____

(1) Ainsi la loi qualifie *crime*, les abus de confiance domestique, comme aussi les coups ou blessures suivis de maladie de plus de 20

pénale le correctif nécessaire, en laissant prévaloir l'esprit sur la lettre, pour renfermer chaque juridiction dans le cercle naturel de ses attributions respectives.

L'un des moyens d'atteindre ce but , serait de donner aux chambres d'accusation une faculté analogue à celle que la loi d'avril 1832 attribua au jury par l'admission des circonstances atténuantes.

Cette idée n'est pas nouvelle, je le sais : lorsqu'elle s'est produite pour la première fois , elle a excité de vives préventions. On a craint l'abus d'un pouvoir exercé dans les mystères du huis-clos, en faveur de certains coupables, dans l'intérêt des familles en crédit, ou influencé par des sympathies politiques. On a craint que la qualité des personnes , leur entourage , les sollicitations de l'amitié , l'intrigue ou la puissance ne devinssent le mobile et la cause de distinctions peu équitables , et ne portassent ainsi atteinte au dogme social le plus cher au pays : l'égalité devant la loi.

Ces appréhensions trahissent assurément des idées d'un autre temps, et des préventions surannées. Si le jury mérite confiance, de quel droit en déshériter les magistrats qui savent comprendre, hommes et citoyens avant tout , les nécessités sociales de notre époque , et le danger de s'y soustraire.

Sans établir de parallèle entre les éléments divers qui constituent les deux juridictions , il est impossible pourtant de ne pas remarquer la part immense que le sort aveugle a toujours dans la formation du jury.

---

jours. Par conséquent les chambres d'accusation sont obligées de renvoyer aux assises , tous les faits qui présentent ces caractères.

Or, voici le résultat de ce double genre d'accusations devant le jury.

Les statistiques officielles qui viennent d'être publiées (décembre 1852), font voir que, parmi les individus traduits aux assises comme accusés d'abus de confiance commis par des domestiques ou serviteurs à gages, moins de six sur cent, sont condamnés à des peines afflictives ou infamantes. La proportion est seulement de quatre condamnés à des peines de même nature sur cent accusés du crime de coups ou blessures volontaires, suivies d'incapacité de travail pendant plus de 20 jours.

A ne considérer d'ailleurs que les influences qui ont le plus d'empire sur la volonté, n'est-il pas vrai que le contrôle si puissant de l'opinion publique agit et doit agir avec bien plus de force sur le juge que sur le juré. Celui-ci appelé sans doute à une haute magistrature, mais magistrat d'un jour, rentre le lendemain dans les immunités et les priviléges de la vie privée. Personne ne songe à lui demander compte de ses décisions, toujours cachées dans le secret du scrutin; ou si son vote est connu, il est aussitôt oublié. On est moins disposé à le rendre responsable d'une erreur ou d'une faiblesse, dans l'exercice d'une fonction qu'il n'a pas recherchée, à laquelle le plus souvent il a été contraint, qui fait violence à la nature de son esprit et aux habitudes de sa vie.

Le magistrat est bien autrement comptable envers l'opinion. De lui surtout, on peut dire que ses jugements sont sévèrement jugés par la conscience publique. Le ministère dont il est investi, il le remplit volontairement, il l'a accepté, désiré, et comme l'estime et la considération qui l'accompagnent sont pour lui la plus précieuse récompense, il trouve dans ces avantages extérieurs, s'il était assez malheureux pour ne point les puiser dans le fond de sa conscience, des motifs puissants d'en accomplir les devoirs avec équité.

Mais enfin pour donner satisfaction aux susceptibilités les plus ombrageuses, ne serait-il pas facile de soumettre l'extension du pouvoir dont elles s'alarment, à des conditions, à des garanties qui en rendraient l'abus impossible ; et par exemple, l'unanimité des votes, les réquisitions conformes du ministère public ou l'appel facultatif de ce dernier, porté soit en assemblée des chambres, soit devant deux chambres réunies, ou bien tel autre mode que la controverse ferait trouver le meilleur et le plus convenable pour renfermer dans ses justes limites l'exercice d'un droit qui procurerait le double avantage d'accélérer la marche trop lente de la justice criminelle, de restreindre la durée des détentions préventives, et de restituer aux cours d'assises le caractère de salutaire intimidation et de solennité grave que la multiplicité et l'exiguité des affaires tendent de plus en plus à lui enlever.

Cette attribution nouvelle donnée aux chambres d'accusation paraît au premier abord peu conciliable avec celle que la législation actuelle accorde au jury. Il semble en effet que le renvoi d'un accusé devant la cour d'assises, prononcé par la chambre d'accusation, lorsque le renvoi devant la juridiction correctionnelle était facultatif, porte avec lui de plein droit l'exclusion de toute cause atténuante en faveur de l'accusé.

Si pourtant les jurés qui apprécient l'affaire à leur tour, en jugent autrement, cette divergence de vues et d'opinions dans les moyens d'atténuation, cette contrariété de jugements ne seraient-elles pas un spectacle affligeant pour la justice, de nature à amoindrir l'autorité morale de ses décisions et affaiblir dans la conscience publique les respects qui lui sont dus?

Cette objection perd beaucoup de sa valeur si l'on réfléchit à la nature toute spéciale des pouvoirs déférés aux chambres d'accusation, et au caractère distinctif de leur compétence.

Les chambres d'accusation ne rendent points des arrêts définitifs; elles ne jugent pas dans l'acception ordinaire de ce mot; elles recherchent des indices, rapprochent et mettent en lumière les présomptions de culpabilité et déterminent la compétence, déclarent enfin, suivant l'insuffisance ou la gravité des preuves, qu'il y a lieu ou non de poursuivre l'accusation.

Il n'y a donc rien que de préparatoire dans leurs décisions; car elles n'ont d'autre but que d'appeler, de provoquer un examen plus complet, une instruction plus solennelle, l'épreuve suprême d'un débat public.

C'est précisément dans ce débat contradictoire, dans cette lutte dernière, au grand jour de la publicité, que les preuves acquièrent toute leur puissance, ou que les indices de culpabilité s'affaiblissent, que les présomptions disparaissent, que les doutes s'expliquent; et le verdict d'acquittement n'implique ni l'erreur ni la critique de l'arrêt d'accusation qui l'a précédé.

Lorsque les débats peuvent ainsi détruire ou affaiblir les

preuves, ils peuvent à plus forte raison modifier le caractère des faits criminels, révéler des mobiles de l'acte répréhensible, qui en atténuent la gravité et sollicitent l'indulgence.

Quoi d'étonnant que ces circonstances nouvelles n'aient point apparu dans la procédure écrite, placée sous les yeux des magistrats! Ce que ceux-ci ne pouvaient voir, s'est découvert aux autres dans les enquêtes orales, et par des moyens d'instruction plus décisifs.

Telle est la seule conséquence à tirer du verdict qui infirme ou modifie l'accusation, sans qu'on puisse y voir une contrariété de jugements, moins encore un blâme et une irrévérence envers les organes de la justice.

Mais puisque je suis amené sur ce terrain, j'aborde une question plus délicate, et je me demande si le droit d'atténuation est convenablement placé dans les mains du jury?

Ce droit, établi sous l'influence de cette pensée vraie en soi, que les peines afflictives ou infamantes étaient trop prodiguées dans nos codes, fut consacré, comme on sait, par la loi du 28 avril 1832, qui voulut épargner au jury l'alternative douloureuse de provoquer l'application de peines trop sévères, ou d'absoudre un coupable.

L'impunité sortait souvent de cette lutte entre les sentiments inconciliables d'humanité et de justice; et la société s'alarmait avec raison de décisions hautement démenties par l'évidence des faits qui portaient le caractère d'une sorte de prévarication ou d'une abusive omnipotence.

Les statistiques publiées récemment par les soins de M. le garde des sceaux, et qui embrassent dans un tableau fécond en précieux enseignements, les résultats de la répression judiciaire pendant un quart de siècle, de 1826 à 1850, révèlent avec certitude les conséquences fâcheuses de la situation anormale que nous signalons.

Il résulte en effet de ces documents officiels, qu'antérieurement à la loi du 28 avril 1832, le nombre proportionnel des acquittements allait croissant toujours dans une progression rapide, notamment dans la période quinquennale de 1826 à 1831.

On est autorisé à conclure avec M. le garde des sceaux, que cet accroissement progressif avait pour cause la répugnance de plus en plus invincible des jurés à provoquer, par leurs verdicts, des condamnations qui leur paraissaient disproportionnées à la nature du délit.

Cette conclusion ne paraît plus contestable, surtout lorsqu'on voit, qu'immédiatement après la promulgation de la loi de 1832, qui consacrait pour le jury la faculté d'admettre des circonstances atténuantes, le nombre proportionnel des acquittements diminua et suivit une progression décroissante jusqu'en 1840, époque depuis laquelle il est resté stationnaire jusqu'à la révolution de février.

Mais à côté de cet avantage, qu'on ne saurait méconnaître, de rendre à la loi son empire, en modérant sa rigueur, n'y a-t-il pas le danger de faire fléchir aveuglément la règle, d'abaisser ou d'élever sans mesure ce niveau commun sous lequel tous doivent également se courber ?

N'a-t-on pas dépassé le but après l'avoir atteint, et le désir légitime d'une équitable modération dans l'application des peines, n'a-t-il pas insensiblement poussé, par des habitudes d'atténuation systématique ou d'indulgence aveugle, sur cette pente rapide qui conduit à l'altération du sens moral, et aux défiances d'un scepticisme injurieux pour les arrêts de la justice ?

Est-il nécessaire d'évoquer ici le souvenir de ces nombreux verdicts qui saisissent tour à tour d'étonnement et de douleur, qui attristent ou révoltent la conscience, par l'imprévu des résultats, et par ce caractère d'inégalité choquante ou de capricieuse évolution dans la distribution de la justice criminelle, dont l'effet inévitable eût été de déverser sur un corps de magistrature permanente le discrédit et la déconsidération ?

Si des instincts de liberté civile, d'égalité légale, si des prédilections ou des préventions populaires protégent l'institution du jury contre ces causes de défiance ou de critique, il n'importe pas moins d'en rechercher les défectuosités ou les faiblesses, et d'en conjurer les périls par de salutaires réformes.

Les attributions du jury gagneraient en valeur et en force ce qu'elles perdraient en étendue.

Les meilleures institutions sont celles qui établissent une proportion harmonieuse entre les devoirs et les facultés; celles qui font mouvoir les forces individuelles dans une sphère d'influence et d'activité, analogues aux mœurs, aux habitudes, aux penchants, selon les situations diverses, dans l'ordre général des faits sociaux.

Investir les jurés d'un droit de commisération et de grâce, n'est-ce point placer à côté du devoir, l'occasion prochaine et le désir de le violer ?

Comment espérer que des hommes arrachés temporairement aux loisirs ou aux occupations habituelles de leur vie, pour participer à de rigoureux devoirs, ne succomberont pas aux séductions du cœur, aux entraînements de la sensibilité, lors surtout que la pitié et l'indulgence se présenteront à eux, sous la forme d'un droit et d'une prérogative légale ? Quand d'intimes convictions ont arraché l'un de ces verdicts qui doivent amener une terrible condamnation, ne faut-il pas un courage surhumain pour résister à des inspirations de pitié et de clémence ?

Il est si doux de pardonner quand on en a le pouvoir ! Ecoutez ces voix intimes qui s'adressent aux cœurs des jurés : faut-il donc tout refuser au malheur, au repentir, aux angoisses d'une famille éplorée !

Dans ce moment suprême, lorsqu'il suffit d'un mot pour conjurer un grand châtiment et s'épargner à soi-même un douloureux sacrifice, doit-on s'étonner qu'au milieu de ces perplexités cruelles, dans ce combat de l'humanité avec la justice, celle-ci soit vaincue, et que le cri de détresse du coupable qui demande merci, ne retentisse avec plus de force dans la conscience de ses juges que la voix austère de la société ?

Ne cherchez pas ailleurs la cause de ces déclarations pusillanimes qui viennent effrayer la justice et révolter la conscience publique, lorsqu'elles abritent d'une parole d'excuse, l'attentat le plus froidement prémédité contre la vie des hommes, quand sur le même verdict sont réunis ces mots étonnés d'être ensemble : *parricide, circonstances atténuantes* !

Pour les grands coupables, de tels jugements sont une impunité relative : or, chaque crime impuni est le mobile d'un crime nouveau.

Je n'exagère rien : les statistiques avec leurs chiffres inflexibles sont là pour autoriser ce langage.

Dans la période de vingt-cinq ans, les accusations d'assassinat ont augmenté de plus d'un cinquième; les parricides ont presque doublé !

Ce serait calomnier les jurés que d'imputer ces déplorables résultats à l'oubli volontaire de leurs devoirs. Je n'accuse que leur défaillance intellectuelle ou morale.

C'est que la faiblesse de l'homme a besoin de s'appuyer sur la puissance de la loi ; c'est que dans l'accomplissement de ces pénibles missions que la justice impose, la volonté individuelle, contrainte, chancelante, éprouve la nécessité de s'anéantir en quelque sorte ou de s'absorber dans la volonté générale, dont elle n'est que l'image ou l'écho.

Ce fut donc, je le pense du moins, un présent funeste fait au jury que ce droit périlleux d'atténuation ; et telle a été la destinée de la loi du 28 avril 1832, qu'en portant un remède efficace sans doute à un mal actuel, elle est devenue le principe et la consécration malheureuse d'un privilége anormal, abusif, contraire à la nature de la juridiction qui en fut dotée, aux conditions de son existence, à l'esprit qui la fonda.

L'institution du jury prévenait le danger d'attribuer à un pouvoir unique l'appréciation du fait et l'application du droit; c'était l'une des plus puissantes considérations qui fut présentée en faveur de cet établissement nouveau.

Or, la déclaration potestative des circonstances atténuantes cache, sous le voile respectable d'une appréciation indulgente du fait, une véritable invasion dans le domaine du droit. — Cette observation a été déjà faite par plusieurs criminalistes et notamment par les savants auteurs de la *théorie du code pénal.*

La loi ne demande pas compte aux jurés de leurs motifs dans cette attribution de justice gracieuse : mais s'il est permis de pénétrer dans le secret de ses délibérations, de surprendre ces mouvements intérieurs de l'âme, au moment où ils se manifestent par un vote de faveur, ne peut-on pas dire avec assurance que, sauf d'assez rares exceptions motivées par le concours des faits et des circonstances inhérentes à la cause elle-même, c'est habituellement la considération d'une pénalité rigoureuse, réelle ou présumée, qui désarme le jury ou fait fléchir sa fermeté.

Etrange anomalie : les jurés ne doivent pas se préoccuper des conséquences de leur verdict, et pour employer les paroles du législateur, tracées en gros caractère dans la chambre même de leurs délibérations, ils manquent à leurs premiers devoirs, lorsque, pensant aux dispositions des lois pénales, ils considèrent les suites que pourra avoir, par rapport à l'accusé, la déclaration qu'ils ont à faire.

Or, ces prescriptions si sages, et d'une haute portée morale, qui tracent pour chacun les limites des droits et le caractère des devoirs, ne sont-elles pas tous les jours méconnues, oubliées, trahies ? et n'a-t-on pas convié les jurés à ces empiétements successifs qui ne connaissent plus de bornes, par l'attrait d'une faculté d'autant plus périlleuse qu'elle flatte davantage les amours-propres et les velléités d'une omnipotence entourée d'hommages.

Cette fiction légale de l'ignorance respectueuse de la loi est en contradiction perpétuelle avec la réalité des choses, et l'on est chaque jour à se demander si, avec le système des atténuations facultatives, il ne serait pas plus conforme aux intérêts d'une bonne justice, de déchirer le voile qui est censé couvrir aux yeux des jurés les dispositions pénales, mais qui les laisse entrevoir à l'aide d'une lueur incertaine et douteuse mille fois plus à craindre que la plénitude d'une lumière éclatante.

S'il m'était permis de lire dans l'âme des jurés, je croirais ne pas me tromper, en disant que, parmi eux, les plus intelligents et les plus honnêtes souffrent plus qu'ils ne sont flattés d'une attribution qui pèse bien souvent à leur conscience, qui les jette dans de poignantes perplexités , qui semble les contraindre à outrepasser les limites de leurs devoirs comme citoyens.

Il me semble, en effet , qu'il doit être bien consolant pour un homme arraché quelques instants aux immunités de l'existence privée, de se dire au fond de l'âme : j'ai exprimé consciencieusement ma conviction sur la culpabilité d'un accusé ; je me suis humblement incliné devant la loi qu'il ne m'appartient pas de connaître, et dont j'ai laissé à d'autres la tâche qui leur est échue d'en faire l'application.

Dominé, je le sais , par des considérations puissantes, le législateur de 1832 crut devoir se dessaisir, en faveur du jury, d'une partie de ses prérogatives, en lui déférant le pouvoir de faire fléchir discrétionnairement la rigueur des prescriptions légales.

Ce fut une sorte d'abdication partielle dont il était difficile alors de prévoir les conséquences. — On ne pensait pas sans doute que , pour prévenir certains acquittements immérités, on s'exposait au danger bien plus grave d'une répression arbitraire.

Je comprends pour le jury, dans la réforme graduée des lois pénales, une légitime influence.

Que si , par l'effet des modifications insensibles amenées par le temps dans les mœurs, les idées, les tendances, certains faits répréhensibles perdent de leur gravité , de leur criminalité relative et demandent une répression moins sévère, ces syndérèses de la conscience publique n'échapperont pas à l'observation attentive des faits : les magistrats, dans leurs communications habituelles et confiantes avec les jurés , saisiront facilement les symptômes de cet équilibre rompu , de la disproportion pénale , des répugnances de l'opinion.

Les pouvoirs publics seront de la sorte avertis par ces manifestations qui peuvent se produire sous diverses formes dont il est sage de tenir compte; et c'est alors au législateur d'aviser.

Voilà comment par l'intervention régulière mais indirecte du jury, peuvent s'accomplir de salutaires réformes.

Tel est même, si je ne me trompe, le but social de cette institution, et le plus incontestable de ses avantages. Elle prévient ou amoindrit l'effet des traditions quelquefois exclusives, entretenues par l'habitude et l'esprit de corps dans des situations étrangères aux excitations incessantes des intérêts et des affaires.

Les tendances indulgentes du jury modèrent les dispositions plus austères des corps de magistrature. Ceux-ci sont plus préoccupés de l'intérêt social et de l'idée abstraite de l'expiation : ceux-là moins inaccessibles aux considérations des choses dans leur réalité, et des personnes dans les circonstances qui les font agir.

C'est ainsi que ces deux éléments de justice criminelle peuvent exercer l'un sur l'autre, et pour l'avantage de tous, une sorte de pouvoir pondérateur qui maintient l'harmonie entre les exigences salutaires de l'expiation et la tolérance du monde.

Toutefois l'expérience et les effets actuels de la loi de 1832 montrent que cette influence modératrice du jury ne peut, sans détriment pour la justice et la moralité publique, avoir une application immédiate et directe, en ce sens que, transformé pour ainsi dire en législateur ou investi d'un droit de grâce, il ait le pouvoir de franchir ces limites extrêmes que la loi détermine dans sa sagesse, et sans lesquelles la pénalité prend un caractère d'indécision, d'arbitraire ou de vague qui porte la confusion dans les idées corrélatives de délit et de châtiment, et la perturbation dans les consciences.

Mais il ne suffirait pas d'assigner au pouvoir du jury des restrictions nécessaires. Son organisation, l'ensemble des moyens propres à déterminer de bons choix, sollicitent une étude attentive et le plus sérieux examen.

On ne saurait trop répéter avec les membres du conseil d'Etat, dont nous rappelions naguère les paroles, que la valeur du jury dépend de sa composition, que ses inconvénients ou ses avantages sont entièrement subordonnés au mode d'action qu'on lui donne.

Il faut qu'elle soit combinée, disait l'un de ces orateurs, de manière que les jurés ne puissent pas échapper aux reproches, en alléguant qu'ils ont obéi à leur conscience, et que ce vain prétexte ne puisse jamais servir de voile à leur corruption.

Plusieurs années après, Henrion de Pansey, dans son ouvrage sur l'autorité judiciaire, tout en rendant à l'institution du jury un éclatant hommage, s'exprimait ainsi : « Cependant « il ne faut pas s'y méprendre, on n'a pas un jugement par « jurés, par cela seul qu'il a été rendu par des citoyens aux- « quels on a donné cette qualification : les résultats de cette « institution si vantée et si digne de l'être sont principale- « ment subordonnés à la manière dont est composée la liste « des jurés. »

Les opinions peuvent être divergentes sur l'efficacité relative des systèmes : et sans doute, il serait téméraire de formuler un plan ou des règles positives, sans posséder tous les moyens d'appréciation qui sont exclusivmeent réunis et concentrés dans les mains du gouvernement.

Mais il est possible et permis, je le pense, de poser des principes desquels on ne saurait s'écarter sans danger, quand il s'agit de préparer les choix des hommes qui doivent concourir à l'administration de la justice.

Or, le principe que j'ose appeler capital en cette matière, au risque de heurter beaucoup de préventions, c'est qu'il faut laisser le moins de chances possibles au hasard et au caprice du sort.

Le tirage au sort des noms des jurés ne peut avoir qu'une raison d'être, légitime : c'est d'empêcher que les juges ne soient connus avant le jugement, afin d'éviter les influences abusives et les sollicitations importunes.

Dans cette opération qui précède l'épreuve judiciaire, ne se trouve que très secondairement la garantie de la vérité, de la sincérité, de la loyauté des jugements. Elle est surtout dans les conditions d'aptitude des jurés inscrits sur la liste générale, où le sort doit faire ses désignations, et dans les combinaisons propres à éloigner de cette catégorie d'élite les hommes indignes ou incapables d'y figurer.

Ce n'est pas sans raison que j'ai employé ces mots : *liste d'élite* ; je devrais presque dire liste d'honneur. C'est qu'il ne suffit pas, comme l'expérience l'a trop montré, d'avoir ce sens commun, et ces vulgaires connaissances qui sont, même en admettant la probité, l'apanage du grand nombre. Il faut encore l'intelligence et cette haute moralité qui inspire des pensées généreuses, qui conseille au besoin le sacrifice ; cette moralité qu'une éducation libérale, sous l'influence du sentiment religieux, la connaissance du cœur et l'exercice habituel des facultés intellectuelles peuvent seuls donner.

C'est fermer volontairement les yeux à la lumière, de ne point voir, après plus d'un demi-siècle de tâtonnements, d'essais et d'expériences, qu'un certain niveau d'âge, de fortune et l'absence de toute flétrissure judiciaire ne sont pas des présomptions infaillibles d'idonéité.

Ce qu'on peut affirmer encore sans crainte d'être démenti, c'est que les qualités du cœur et de l'esprit dont la réunion est indispensable pour assurer une justice équitable, doivent être soigneusement recherchées, et ne se découvrent qu'après de sérieuses et consciencieuses investigations.

Je marche sur un terrain brûlant, je le sais : exposé à blesser en l'explorant, des susceptibilités qui tiennent au principe même de notre organisation sociale, et à nos dogmes politiques les plus chers au pays.

Mais la vérité ne peut souffrir de ces timides ménagements.

Je reconnais, et je dis ceci, sans dessein de précaution oratoire, que les qualités morales et les vertus civiles peuvent se trouver à tous les degrés de l'échelle sociale, dans les conditions les plus humbles, comme dans les situations les plus élevées de la vie.

Mais ces qualités ne sont pas écrites sur le front des jurés, et quand ils viennent s'asseoir sur leurs siéges, leur mérite demeure profondément obscur, si quelque notoriété ne les découvre aux regards d'un public scrutateur, qui prend confiance dans la justice, suivant le caractère connu de ceux qui sont appelés à l'honneur de préparer ses décisions.

On ne saurait d'ailleurs oublier que les vertus privées qui se pratiquent dans le sein de la famille et dans le cercle étroit des relations bornées aux exigences matérielles de la vie, ne supposent pas nécessairement l'indépendance, cette disposition de l'esprit et du cœur qui recherche la vérité et la proclame sans crainte, lors même que l'accomplissement de ce devoir n'est pas toujours sans danger.

Arrachez aux pénibles labeurs de leur industrie ou de leurs champs, ces hommes simples et modestes, aux intentions pures, mais étrangers à toutes les idées et aux habitudes d'esprit, qui sont en dehors de la sphère ordinaire de leurs travaux, pour les placer en face d'un malfaiteur impudent, d'un accusé adroit, plein d'intelligence, ayant sur eux l'avantage d'une éducation même imparfaite. Ces juges improvisés, surpris de leur rôle, se troubleront à cet aspect et n'auront plus la liberté d'esprit nécessaire pour apprécier un langage qu'ils auront peut-être de la peine à comprendre.

Demandez-vous, alors, si ces intelligences médiocres, ces esprits inexpérimentés, ces consciences timides ne seront pas entourés de piéges et de séductions auxquels il leur sera bien difficile de ne pas succomber.

Ces suppositions ne sont pas chimériques, et je ne crée pas des hypothèses pour me procurer des arguments. Que l'on parcoure les statistiques dont il a été déjà parlé, et l'on verra que l'instruction relative des accusés est une des causes qui agissent le plus sur l'inégalité de la répression. Ainsi, tandis que la moyenne générale des acquittements devant les cours d'assises est de 370 sur mille, pendant la période des 25 ans, elle est de 574 à l'égard des accusés qui ont reçu un degré d'instruction supérieure.

Cette inégalité de répression se produit dans une proportion non moins remarquable à l'égard de certains crimes qui supposent quelque instruction dans ceux qui les commettent. Je veux parler du crime de faux en écriture authentique et publique, du crime de banqueroute frauduleuse. La moyenne des acquittements pour ce genre si grave d'attentats contre la propriété est de 6 à 700 cents sur mille accusés, tandis que la moyenne des acquittements est de 250 environ pour les différents vols qualifiés.

On pourrait encore mentionner comme preuve nouvelle de la faiblesse de répression, les crimes de fausse monnaie, d'extorsion de signature, de concussion et corruption, tous actes qui supposent également dans leurs auteurs des notions acquises, et l'avantage malheureux d'une éducation incomplète ; de telle sorte qu'il serait possible de calculer à *priori* les chances d'acquittement ou de condamnation, d'après la position relative des accusés aux divers degrés de l'échelle sociale. Telle est devant un jury mal composé la maxime si chère de l'égalité devant la loi !

Les délits politiques et ceux de la presse tiennent à un autre ordre d'idées, dont je veux éviter de m'occuper en ce moment

Le jury aura sans doute une grande responsabilité devant l'histoire ! on pourra lui demander compte de beaucoup d'illusions évanouies. Sans fouiller dans ces souvenirs, et pour rester au point de vue général, on peut dire que la fermeté et l'indépendance de caractère sont, après la probité et l'intelligence, les premières des conditions à exiger dans le choix des personnes.

Mais quels moyens mettre en œuvre pour les trouver et les réunir ? c'est le problême à résoudre.

A se préoccuper de la nature même de l'institution dans les idées primitives et théoriques de son origine, la formation de la liste des jurés doit être faite en dehors de toute influence, et selon les paroles de M. Henrion de Pansey, on pourrait dire que « là seulement est le véritable jury où la volonté » de l'homme a le moins d'action possible sur la formation » de la liste ; où ceux qui doivent y être inscrits sont désignés » par la loi, avec une précision qui ne laisse rien à désirer. »

Cette doctrine serait irréprochable si elle ne reposait sur la supposition difficilement admissible, qu'un ensemble de présomptions légales peuvent mettre en lumière les qualités morales et les aptitudes. Mais la distance peut être immense entre la capacité légale et l'idonéité réelle, entre les conditions extérieures d'âge, de cens, de domicile, de profession, et les garanties morales qui ne se manifestent pas au dehors par des signes matériels.

On se flatterait vainement de franchir ces intervalles et d'atteindre le but, sans l'intervention d'un pouvoir discrétionnaire d'investigation qui complète l'œuvre que la loi n'a pu qu'ébaucher.

La nécessité de cette élaboration toute de confiance a été reconnue à l'époque même où l'institution du jury s'offrait à l'opinion publique, dégagée des incertitudes qu'elle inspira plus tard. Mais les règles qui en déterminent l'exercice, ont subi par des changements nombreux, le contre-coup des révolutions qui se sont succédé.

Selon l'esprit et les tendances des constitutions politiques, c'est du pouvoir exécutif ou de l'élection populaire que découle le droit de choisir les jurés; et ce droit lui-même est plus ou moins étendu, en raison inverse du nombre plus ou moins considérable des noms à désigner.

Le mode actuel de désignation porte l'empreinte des idées en faveur au moment où la loi du 12 août 1848 fut promulguée.

C'est le suffrage universel appliqué à l'institution du jury.

Théoriquement la conception est ingénieuse : par une sorte d'élection à trois degrés, le mandat populaire reposant sur la base la plus large, se concentre dans un certain nombre de délégataires répartis en diverses assemblées.

Mais si la pensée de la loi prend sa source dans cette antique maxime, *que nul ne peut être jugé que par ses pairs*, elle trahit trop l'esprit dogmatique et absolu qui, par de périlleuses déductions, tendrait à livrer la société sans défense à

4

ceux qui seraient mal disposés aux sacrifices pour la conserver.

Elle ne tient pas suffisamment compte des préventions et des ignorances, mais surtout des faiblesses et de l'insouciance caractérisque du grand nombre, pour toutes les choses d'intérêt général qui ne touchent pas l'individu par une action immédiate ou directe.

Qu'on pénètre un instant dans ces assemblées cantonales, au sein desquelles s'élaborent en définitive les listes où le sort puise ses désignations.

Ce n'est pas les calomnier, je pense, que de dire que les plus sages de ses membres et les mieux intentionnés sont les indifférents.

Dans ces assemblées domine une double influence que le grand nombre subit tour à tour.

D'un côté l'on cherche à s'affranchir soi-même ou ses amis d'une charge onéreuse, insupportable; d'autre part, quelques-uns ne sont pas fâchés d'attacher un certain lustre à leur nom ; et quant à ceux-ci le titre de juré n'est qu'un moyen de grandir leur ascendant pour le succès de leurs petites ambitions locales et de leurs affaires personnelles.

Il est bien rare que, dans les communes rurales, les délégués n'arrivent pas au chef-lieu de canton, avec ce cortége de recommandations contraires.

Ces délégations multiples participent nécessairement des tendances, des opinions, des préjugés qui dominent dans les divers conseils municipaux dont elles émanent. C'est un nouvel élément de mobilité, d'allure inconstante et irrégulière qui forme l'une des parties défectueuses de l'institution du jury

Mais le vice capital du mode de désignation consacrée par la loi du mois d'août 1848, est, à mes yeux, l'absence d'une responsabilité morale quelconque, dans cette opération, je devrais dire dans cette délicate fonction du triage, s'il m'était permis d'employer une expression que l'esprit de parti avait rendue injurieuse ou ridicule.

La responsabilité qui se divise en effet, qui s'émiette à l'infini, se pulvérise en quelque sorte dans les nombreux délégués qui composent les assemblées cantonales, n'est plus une responsabilité

Peut-on vouloir raisonnablement que, dans une réunion locale composée d'éléments pris sur tous les points du territoire cantonnal, des noms propres soient livrés aux témérités d'une discussion sans contrôle, en l'absence de ceux qui en sont l'objet, avec toutes les interprétations et tous les commentaires dont elle sera la conséquence?

Comprend-on la portée et les inconvénients graves d'un débat qui s'établirait entre trente ou quarante personnes, sur le mérite relatif et la moralité des éligibles, sur leur aptitude ou leur indignité pour des fonctions qu'ils ne recherchent pas, mais qu'ils subissent? Et cependant, qu'on interdise ce débat et cette investigation personnelle, l'assemblée n'a plus d'objet, à moins qu'on ne place dans ses mains le scrutin de liste sur des bulletins entourés de mystères, qui auraient, à d'autres points de vue, des inconvénients peut-être plus graves encore !

La législation anglaise à laquelle nous avons emprunté les formes nouvelles de l'institution n'a pas confié le choix des jurés à des assemblées plus ou moins nombreuses. C'est le shérif qui dresse la liste.

Après la révolution de 89, sous l'empire de la constitution de 91 et du décret du 16 septembre de la même année, le procureur-général syndic formait tous les trois mois la liste des jurés du jugement, qui étaient choisis parmi les électeurs ; il est vrai que cette liste devait être approuvée par le directoire du département.

Par une combinaison en sens inverse, le code des délits et des peines du 3 brumaire an IV chargea l'administration départementale de choisir les jurés d'après ses connaissances personnelles; mais ce choix ne pouvait être arrêté qu'après avoir été communiqué au commissaire du pouvoir exécutif.

Sans parler des changements ou modifications apportés

par des lois intermédiaires, on sait que le code d'instruction criminelle de 1808, après avoir déterminé les conditions nécessaires pour remplir les fonctions de juré, chargeait les préfets, sous leur responsabilité personnelle, de former une liste composée de soixante noms, toutes les fois qu'ils en seraient requis par les présidents des cours d'assises, qui étaient à leur tour tenus de réduire ce nombre à trente-six.

Ce système fut changé par la loi du 2 mai 1827, qui, tout en confiant aux préfets exclusivement le droit d'extraire, sous leur responsabilité personnelle, des catégories générales, une liste de service pour l'année suivante, modifiait, par l'extension du nombre, l'importance de ce droit, en prévenant l'arbitraire.

La liste annuelle de service devait comprendre le quart de la liste générale, sans pouvoir excéder le nombre de trois cents.

Cette liste générale se composait des électeurs censitaires, et d'une catégorie de citoyens remplissant d'autres conditions, auxquelles étaient attachées les présomptions légales d'aptitude et de capacité.

Ce système de transaction loyale entre les deux principes politiques, qui luttaient alors ensemble, fut considéré comme une précieuse conquête et favorablement accueilli par l'opinion publique.

Le mode consacré par la loi du mois de mai 1827, était encore en vigueur lorsque survint la révolution de 1848.

L'expérience qui, dans toutes les choses de la vie, amène après elle des déceptions, montra qu'avec des avantages et des garanties incontestables, le système de 1827 présentait aussi des inconvénients.

A la responsabilité morale des préfets, écrite dans la loi, le mécanisme routinier des bureaux avait insensiblement substitué le pouvoir innommé, occulte, d'un préposé subalterne qui ramenait au niveau de son office l'importance de ce ministère.

Ce n'est pas qu'il faille accuser les préfets d'insouciance ou d'un oubli coupable de leurs devoirs : la nature des choses plus forte que leur volonté, les poussait vers un autre ordre d'idées ou d'affaires.

Dans les évolutions rapides auxquelles furent si habituellement soumis ces hauts fonctionnaires, marquant à peine leur passage au chef-lieu du département, pouvaient-ils, lors même qu'ils l'auraient bien voulu, se livrer aux investigations longues et sérieuses que commandait ce travail?

Pourquoi ne pas ajouter qu'au milieu des préoccupations politiques que modifiaient le temps et les circonstances, il pouvait arriver bien des fois, que les intérêts permanents de la justice cédaient la première place aux influences mobiles et passagères des partis?

Ainsi l'on peut conclure que, si la combinaison théorique était bien conçue, si l'organisation légale était bonne, la mise en œuvre était défectueuse. C'est le moteur qui manquait au mécanisme, dont les ressorts convenablement disposés semblaient promettre un jeu régulier et des résultats satisfaisants. C'est le fonctionnaire enfin qui, par le caractère amovible de son pouvoir et l'objet principal de sa mission administrative, était placé trop en dehors des conditions propres aux formes et à la distribution de la justice, pour en connaître les besoins moraux et les exigences.

Cette invasion peu rationnelle du pouvoir administratif dans le domaine judiciaire, avait été déjà signalée par des criminalistes recommandables, lors de la discussion du code criminel en 1804. Plusieurs membres du conseil d'état repoussaient l'intervention du préfet dans le choix des jurés et ajoutaient qu'il valait mieux confier ce soin au président du tribunal criminel.

« Pourquoi faire entrer l'administration dans la justice? disaient MM. Berthier et Cambacérés.

» Si ces fonctions, observait plus tard M. de Massa, ont été conférées, dans le principe, à l'administration, c'est parce que l'Assemblée constituante saisissait toutes les occasions d'abaisser l'autorité judiciaire. »

En rappelant ces paroles dans un de ses estimables ouvrages, M. de La Cuisine, membre correspondant de notre académie, s'étonnait à son tour de cette attribution anormale donnée aux préfets, et il ajoutait : « le magistrat de chaque cour, placé à la tête de la justice du ressort, ne mettrait-il pas dans la confection de ces listes, un zèle et un intérêt qu'il ne faut jamais attendre du mécanisme glacé des bureaux ? »

Ces idées de mon collègue de Dijon sont les miennes : cette opinion, je la partage.

S'il est en effet dans la hiérarchie des pouvoirs locaux, une position éminente, vénérée parmi toutes, consacrée dans les respects publics par les traditions populaires, par ses prérogatives et son indépendance, c'est celle des magistrats placés à la tête des grands corps judiciaires, étendant leur autorité vigilante sur tous les points du territoire, dans l'étendue d'un vaste ressort, entourés des lumières et des renseignements utiles par leurs rapports officiels avec les fonctionnaires de tous les rangs, dont les attributions tiennent à l'administration de la justice.

Ces hautes fonctions, par leur caractère de durée et de stabilité, permettraient à ceux qui en sont investis, de s'enquérir avec certitude, parce qu'ils pourraient le faire sans précipitation, des situations diverses, des garanties morales, des aptitudes et des capacités, des éléments enfin qui peuvent concourir comme auxiliaires utiles et homogènes à ce grand œuvre de la répression publique.

Il serait d'ailleurs facile, le principe admis, d'organiser un système de mesures administratives pour préparer ce travail d'enquête et d'investigation.

Les listes générales des éligibles, préparées dans chaque commune, soit par les maires, soit par les délégués des conseils municipaux, pourraient être soumises à l'examen préliminaire du juge de paix qui dresserait les listes cantonales par voie de réduction, dans des limites larges mais déterminées.

Le travail ainsi élaboré serait soumis aux présidents des tribunaux dans les divers arrondissements du ressort, qui formeraient à leur tour, dans des proportions convenables , d'après leurs connaissances personnelles et leur appréciation, les listes d'arrondissement.

Le résultat de ce double travail dans le canton et l'arrondissement serait enfin adressé au premier président qui, appréciateur suprême de ces élaborations préparatoires., dans le libre exercice d'un pouvoir discrétionnaire, arrêterait la liste annuelle de service, pour chacun des départements compris dans son ressort.

L'étendue de cette liste serait déterminée dans des proportions à peu près analogues à celle de la loi de 1827, de manière à concilier avec les garanties personnelles des accusés et les immunités de la défense, une latitude efficace dans la désignation et le choix des jurés.

Cette liste ainsi préparée, méditée longtemps et arrêtée sous la responsabilité personnelle du premier magistrat, pourrait défier les caprices et les excentricités malheureuses d'un double tirage au sort.

Modifiées successivement, partiellement renouvelées d'année en année, suivant les exigences du service, épurées enfin, si cette expression peut être réhabilitée parmi nous, elles feraient passer, comme sur des tableaux d'élite, tous les citoyens recommandables par leurs qualités morales, leur réputation de probité, d'intelligence et d'aptitude, et chacun briguerait comme une récompense civique, l'honneur d'y être admis.

Ainsi, pourrait se former et se développer ce sentiment de devoir social, dont on regrette aujourd'hui généralement l'absence dans l'accomplissement de la haute mission que nos lois défèrent au jury.

Isolé, dégagé de tout lien et de tout rapport avec les organes habituels de la justice, il se tient contre eux, dans l'attitude d'une injuste défiance, et l'on dirait une lutte de deux pouvoirs rivaux, plutôt que deux éléments destinés à concourir dans une harmonieuse entente, au but unique d'une équitable répression.

Au lieu de deux forces qui agissent l'une sur l'autre par une influence modératrice, il semble qu'un esprit d'antagonisme les divise et les pousse dans des voies opposées.

Ou mes observations pratiques me trompent, Messieurs, ou je suis autorisé à dire que ces tendances fâcheuses qui se manifestent plus particulièrement depuis quelques années, tiennent non sans doute au défaut de probité ou de bon vouloir, mais à l'insuffisance intellectuelle et à la faiblesse morale, qui amènent toujours avec elles les préjugés aveugles et les préventions injustes.

De la composition imparfaite des listes du jury, de l'accès trop facile qu'elle donne aux incapacités de l'esprit et aux pusillanimités de l'âme, les conséquences se déduisent d'elles-mêmes.

Un grand nombre de ceux qui participent à ce redoutable ministère, n'apportent aux débats qu'une attention impuissante, bien souvent distraite ou détournée par les inquiétudes de l'intérêt privé et des soins matériels de l'existence.

Sur ces intelligences peu familiarisées aux habitudes de la controverse, inhabiles à saisir les délicatesses du langage, et les abstractions de la pensée, combien peuvent exercer de prestige, de séduction et de puissance, l'ingénieux paradoxe et l'artifice d'une parole habile!

Les yeux s'ouvrent et ne voient pas, l'oreille se dresse attentive, mais elle n'entend point.

Faut-il s'étonner, si dans les inspirations de son zèle et quelquefois par le sentiment mal compris de ses prérogatives, la défense se croit obligée d'assouplir ses procédés et ses formes, de s'assujettir à de mesquines proportions. Combien de fois l'orateur se condamne à descendre au niveau de ceux qui l'écoutent, parce qu'il n'espère point les élever jusqu'à lui. Malheureuse transformation de l'éloquence judiciaire dans les habitudes des cours d'assises, que peuvent encourager des succès regrettables, mais que désavouent tout à la fois la société, le bon goût et la justice.

Ajoutez à ces causes de décadence, la pratique abusive d'une récusation dégénérant en ostracisme calculé contre l'élite du jury, et le palliatif impuissant du scrutin secret qui, pour abriter quelques indépendances douteuses, cache et protége souvent de son mystère, de honteuses complaisances ou d'indignes faiblesses, et dites-nous si cette partie importante de notre législation criminelle n'appelle point des réformes !

CONCLUSIONS.

Ce dernier mot, on l'articule sans peine, quand on se place au point de vue critique ; car lorsque l'expérience a mis en lumière les défectuosités d'un système ou l'erreur d'une théorie, on peut avec certitude signaler le mal ; mais il est plus difficile de découvrir le remède.

Or, je l'avoue, messieurs, arrivé au terme de ces réflexions trop longuement développées, je me sens mal à l'aise pour en formuler les conclusions.

Le jury dans son principe fut toujours pour moi l'objet d'un culte, et ma foi, si elle est affaiblie, n'est pas éteinte. J'aimai cette institution, et voilà pourquoi je ne l'ai point flattée ; pourquoi j'appelle de mes vœux des réformes dans l'intérêt de son salut et de sa stabilité.

Je voudrais le jury dans le domaine des faits, tel que je l'avais conçu au temps des convictions profondes et des généreuses ardeurs, avant la période décevante de la vie publique et des mécomptes qui viennent l'attrister.

Heureux encore lorsque, sous la pression du doute qui succède, l'espérance ne s'est pas évanouie !

Des doutes, oui, messieurs, je n'ose donner un autre nom aux idées que j'exprime, aux propositions par lesquelles je résume ce travail, et que je soumets humblement à votre examen.

Je crois donc que, pour rendre à la juridiction des cours d'assises son premier caractère, il faut restreindre la compétence du jury à la répression des crimes qui, par leur gravité réelle, appellent l'infamie sur la tête des coupables.

C'est l'esprit de l'institution et la pensée philanthropique qui la fonda : noble fiction sociale qui place la vie et l'honneur de chacun sous la sauvegarde de tous, et ne souffre pas que le plus humble des citoyens puisse être frappé d'une sorte de bannissement civique et moral, sans le jugement solennel du pays.

Pour atteindre ce but, deux moyens peuvent concourir.

Une classification nouvelle des crimes et délits, un pouvoir discrétionnaire attribué aux chambres d'accusation avec ses éléments propres et ses conditions restrictives, telles que les antécédents des accusés, l'importance du dommage et autres limitations analogues.

Ainsi je proposerais :

1° De renvoyer à la juridiction correctionnelle tous les délits de coups ou blessures non prémédités contre les personnes ;

2° D'autoriser les chambres de mise en accusation, à renvoyer devant les tribunaux correctionnels, le jugement de toutes les infractions actuellement passibles de la peine de la réclusion, lorsque l'accusé n'est pas repris de justice, et si la valeur du dommage ne dépasse pas un chiffre déterminé.

Ces premières modifications produiraient avec plus d'efficacité, me semble-t-il, le résultat moral que voulut atteindre la loi de 1832, en attribuant au jury le droit de déclarer les circonstances atténuantes.

L'usage de ces déclarations a pris le caractère d'un déplorable abus qui doit frapper tout esprit jaloux de l'honneur du jury. C'est une sorte d'aumône que la pitié jette en passant et comme pour accomplir une formalité banale. Or, il n'est rien de plus dangereux dans les choses de la justice que ces tendances à des pratiques routinières et des habitudes d'indulgence systématique, qui ont le double inconvénient d'encourager d'hypocrites démonstrations et d'enlever aux lois pénales leur caractère essentiel d'intimidation et de certitude. Car on sait, et les criminalistes nous l'enseignent, que la peine assignée d'avance à une mauvaise action, retient plus efficacement les méchants qu'une crainte vague sur laquelle ils peuvent se faire illusion (Vattel, Beccaria, *passim*).

Qu'on ne s'y trompe pas en effet : le coupable calcule les conséquences de son crime ; il connaît la loi qui doit l'atteindre, mais il connaît aussi le côté vulnérable de ceux qui doivent en provoquer l'application.

Les jurés eux-mêmes veulent être protégés contre leur propre faiblesse. Dans ce double but, je proposerais l'abrogation de la faculté que leur confère la loi de 1832.

Le malheur dans notre pays, malheur qui tient aux qualités et aux défauts du caractère national, c'est que le désir d'améliorer se transforme en passion de changement, en ardeur impatiente d'innovation.

Le principe des circonstances atténuantes si merveilleusement approprié à notre législation criminelle, pour assurer une équitable proportion entre le délit et la peine, écrit d'abord dans le Code pénal de 1810, et dont le principe se trouve même dans un décret du 2ᵐᵉ jour complémentaire au 3ᵐᵉ (1), avait reçu dans la loi du 25 juin 1824, une consécration nouvelle et une plus grande extension.

N'eût-il pas été sage d'en étendre insensiblement l'application et les conséquences, sans changer la compétence et les attributions respectives.

L'appréciation des circonstances atténuantes, et leur portée morale sur la gravité des faits délictueux, et sur leur caractère de criminalité légale, implique au plus haut degré l'étude approfondie des mobiles divers, des ressorts secrets qui déterminent les actes de l'homme.

---

(1) Art. 20. Le conseil prononcera les peines portées au Code pénal militaire ; il pourra cependant les commuer et les diminuer, suivant que les cas ou les circonstances en atténueront la gravité.

Ce travail d'analyse morale qui fait pénétrer dans les profondeurs intimes d'une conscience coupable, l'œil scrutateur de la justice, demande une application constante, et ces habitudes d'investigation judiciaire, qu'on ne peut exiger ni attendre de ces hommes qu'une mission temporaire appelle à participer accidentellement à l'administration de la justice.

Mais il est une réforme plus importante à mes yeux : celle de l'organisation du jury ! Le système des présomptions légales et la composition des listes, constituent le fait capital qui me paraît devoir exciter au plus haut degré l'attention du législateur.

J'ai indiqué, autant que pouvait le permettre la nature de ce travail, le mode qui me paraîtrait préférable et le plus propre à concilier ces deux conditions, à savoir : intervention large du suffrage populaire par voie de délégation municipale, afin de recueillir, de rassembler les matériaux de l'édifice : discernement judicieux, position indépendante, haute responsabilité morale pour en dessiner le plan, en coordonner les parties, pour choisir enfin les ouvriers aptes à l'œuvre, en éloignant ceux dont la main serait peu sûre et l'œil mal exercé.

Soutenir en effet que, pour décider les causes criminelles, il suffit d'avoir du bon sens et de la probité, c'est reproduire un paradoxe des premiers temps d'ardeur novatrice ou d'enthousiasme ; et qui essaya timidement de se glisser une seconde fois en 1804 dans les discussions du conseil d'Etat.

Lancé dans le monde par des théoriciens téméraires, ce mensonge philanthropique a pu s'y maintenir, parce qu'il flattait les amours propres et qu'il donnait la popularité. Mais aux premiers jours d'épreuve le prestige s'était évanoui.

Il fallait l'entraînement des idées qui eurent cours en 1848, pour remettre cette erreur en crédit et lui donner une sorte de consécration légale.

M. J. de Maistre a dit, quelque part, que les fausses opinions ressemblaient à la fausse monnaie, frappée d'abord par de grands coupables et dépensée ensuite par d'honnêtes gens qui perpétuent le crime sans savoir ce qu'ils font.

Je ne sais si l'on doit qualifier de grand coupable l'auteur anonyme d'une théorie mise en circulation sous forme d'aphorisme ; mais on peut affirmer qu'il eut bon nombre d'innocents complices. Probablement il en reste encore beaucoup, et voilà pourquoi nous devons proclamer bien haut que, si le bon sens et la probité sont des conditions indispensables pour décider de l'honneur et de la vie des hommes, elles ne sont pas suffisantes.

La probité qui inspire, le bon sens qui conseille, demandent le concours de l'énergie morale qui détermine la volonté. Choisissez pour rendre la justice, selon le précepte du législateur des Hébreux, choisissez d'entre tout le peuple les plus courageux et les plus fermes !

Qu'ils soient aussi les meilleurs et les plus constants dans la vérité ! « *Qui meliores et veraciores inveniri possint ad rei veritatem dicendam* ; — c'est l'idée du verdict caractérisé par nos anciens capitulaires.

Montesquieu nous apprend que, sous le régime féodal, le devoir des vassaux était de combattre et de juger. C'était au seigneur, dit-il, à faire honneur à sa cour et à prendre ses plus vaillants hommes et les plus sages.

La justice est une autre suzeraine qui, pour faire honneur à sa cour, prétend s'entourer de vassaux fidèles. Pour la servir, ne fût-ce qu'un jour, on doit être prêt à la lutte ; car son prétoire est aussi un champ clos. Pour en sortir sans reproche, il faut s'y présenter sans peur !

Toulouse. — Imp. de Bonnal et Gibrac, r. St-Rome, 46

www.ingramcontent.com/pod-product-compliance
Lightning Source LLC
Chambersburg PA
CBHW060756180626
46818CB00002B/585